Inhalt

Verpackungskünstler - Der Trend geht hin zu mehr Auffälligkeit und Experimentierfreude

Kernthesen

Beitrag

Fallbeispiele

Weiterführende Literatur

Impressum

Verpackungskünstler - Der Trend geht hin zu mehr Auffälligkeit und Experimentierfreude

Harald Reil

Kernthesen

- Rund sechzig Prozent der Kaufentscheidungen lassen sich auf irrationale Impulse zurückführen. Verpackungsdesign und -präsentation spielen dabei eine wichtige Rolle.
- Besonders Farben sind in der Wahrnehmung der Konsumenten entscheidend. Wissenschaftler raten daher, bei der Farbgebung von Verpackungen aktuelle Trends zu berücksichtigen.
- Das richtige Material ist der dritte wichtige

Aspekt, den Unternehmen bei der Entwicklung von Verpackungen berücksichtigen sollten. Dabei gilt: Verbraucher finden Faltschachteln am sympathischsten.

Beitrag

Es kommt nicht (nur) auf den Inhalt an

Das Motto "Auf den Inhalt kommt es an" ist aller Ehren wert. Zumindest bei Konsumgütern muss allerdings die etwas ketzerische Frage erlaubt sein, ob dieser Spruch tatsächlich eine nennenswerte Relevanz hat. Denn Verbraucher lassen sich allzu leicht vom schönen Schein verführen, das Sein bleibt da oft notgedrungen auf der Strecke. Etwas nüchterner lässt sich dieser Satz daher auch folgendermaßen formulieren: Ist nur die Verpackung attraktiv, dann ist das, was sie umhüllt, oft nur von sekundärer Bedeutung. Designer machen sich diese Erkenntnis zunehmend zunutze und kreieren Verpackungen, die dem Kunden sofort ins Auge fallen und ihn zum Kauf animieren. Dass sich das lohnt, belegt eine Studie, die der Fachverband

Faltschachtelindustrie (FFI) bei K&A Brand Research in Auftrag gegeben hat und die unter dem Titel "Shopper 2011" veröffentlicht wurde. Das wesentlichste Ergebnis: Über 60 Prozent der Kaufentscheidungen lassen sich im Grunde auf irrationale Impulse zurückführen - das Verpackungsdesign als Auslöser für diese Emotionalkäufe spielt dabei eine entscheidende Rolle. Die GfK in Nürnberg bestätigt diese Erkenntnis. Auch ihren Forschungen zufolge sind bei rund 60 Prozent der Kaufentscheidungen die Verpackung der Ware und ihre Präsentation ausschlaggebend. Als wichtigsten Faktor für anziehende Verpackungen nennen Forscher Farben. Das zumindest belegt eine Studie der Johannes-Gutenberg-Universität in Mainz. Unternehmen tun daher gut daran, bei der Gestaltung von Verpackungen aktuelle Farbtrends zu berücksichtigen. (1), (2), (4)

Der Preis allein ist nicht entscheidend

Verpackungen sollten aber nicht nur die Blicke von Verbrauchern auf sich ziehen, sondern sie müssen auch leicht zu handhaben, sprich: zu öffnen, sein. Der Fachbereich Arbeitswissenschaft an der Technischen Universität Chemnitz hat diesen weiteren Aspekt der Attraktivität von Verpackungen mit

Versuchspersonen im Alter von 57 bis 77 Jahren eingehend untersucht. Die zum Teil erstaunlichen Ergebnisse: Sieben Verpackungen stellten für ein Drittel der Studienteilnehmer ein unüberwindbares Hindernis dar. Mit anderen Worten: Sie ließen sich von ihnen partout nicht aufmachen. Für die anderen Verpackungen benötigten die Probanden im Durchschnitt mehr als 30 Sekunden, bei einigen waren sie sogar anderthalb Minuten am Werk. Die Chemnitzer Wissenschaftler stellten außerdem fest, dass für viele ihrer Studienteilnehmer der Preis der Produkte nicht entscheidend war. Schlecht zu öffnende Verpackungen würden sie bei einem realen Einkauf daher auch links liegen lassen. Im Umkehrschluss bedeutet das: Verpackungen, die sich leichter öffnen lassen, verkaufen sich auch besser. Eine Investition in einfachere Verschlussmechanismen lohnt sich also, nicht nur, weil es in Deutschland in Zukunft immer mehr ältere Konsumenten geben wird, sondern weil für die meisten Verpackungen auch folgende Grundregel gilt: Wenn sie sich von Menschen im fortgeschrittenen Alter ohne Probleme "handeln" lassen, sind sie auch für jüngere Verbraucher attraktiv. (3)

Faltschachteln am beliebtesten

Ein weiterer wichtiger Aspekt, den Unternehmen bei der Entwicklung von Verpackungen berücksichtigen sollten, sind die Materialien, aus denen sie hergestellt werden. Auch das legt die bereits zitierte Studie "Shopper 2011" nahe. Danach fanden Verbraucher bei einer gestützten Befragung Faltschachteln am sympathischsten (53 Prozent); den zweiten Rang, jedoch bereits mit deutlichem Abstand, nahmen Kunststoffverpackungen ein (27 Prozent); auf den dritten Platz wählten die Verbraucher bei der Umfrage Blechdosen (12 Prozent). Glas mit vier Prozent sowie Alufolien und sonstige Verpackungsmaterialien mit jeweils zwei Prozent folgten abgeschlagen auf den letzten Plätzen. Wie groß die Akzeptanz von Faltschachteln tatsächlich zu sein scheint, macht ein weiteres Ergebnis deutlich, das der FFI veröffentlicht hat. Bei einer ungestützten Befragung wählten gar 88 Prozent der Interviewten Faltschachteln auf den ersten Platz der beliebtesten Verpackungsmaterialien. (1)

Traditionsunternehmen setzen auf Bewährtes

Wenn sich also feststellen lässt, dass der Trend beim Verpackungsdesign hin zu mehr Auffälligkeit, Experimentierfreude, einfachere Bedienbarkeit und sympathischere Materialien geht, so folgen dennoch nicht alle Firmen dieser Entwicklung. Traditionsunternehmen setzen lieber auf Bewährtes und ändern ihre Verpackungen nur in kleinen Schritten. Für den Verbraucher ist diese vorsichtige Modernisierung nahezu unmerklich. Dass diese konservative Haltung ihre Berechtigung hat, zeigt das Beispiel von Coca-Cola. Der weltweit größte Produzent von Softdrinks präsentierte im Jahr 1985 mit New Coke den Nachfolger seiner Erfolgsmarke Coca-Cola. Die Änderung, die nicht nur die Rezeptur, sondern auch das Design betraf, stieß den Fans des Kultgetränks allerdings sauer auf. Der darauf einsetzende Proteststurm war so gewaltig, dass sich Coca-Cola gezwungen sah, wieder zum Status Quo zurückzukehren. (2), (4), (5)

Trends

Taste Festival: Gradmesser für neue Design-Trends

Ein Gradmesser für neue Trends im Verpackungsdesign ist das Taste Festival, das einmal pro Jahr für zehn Tage in Berlin ausgerichtet wird. Auf der Messe können Besucher nicht nur kulinarische Köstlichkeiten goutieren, Designer stellen auch ihre Entwürfe für Wein-, Bier- und Schnapsflaschen sowie Verpackungen für Kaffee, Tee- und Schokolade vor. Vielleicht werden die Gäste schon in naher Zukunft auch fantasievoll gestaltete Mineralwasserflaschen bewundern können. Bisher war für Produzenten das noch kein Thema, geht es aber nach dem Willen einiger Designer, und interpretiert man die Zeichen der Zeit korrekt, dann wird sich das bald ändern. (9)

"Plain Packaging" sorgt für Kontroversen

In Zeiten, in denen alle von neuen, auffälligen und aufregenden Verpackungsdesigns sprechen, ist auch die Rede von einer gegenläufigen Bewegung, die unter dem Begriffspaar "Plain Packaging" für Furore sorgt. So fürchtet die Tabakwirtschaft, dass sie schon in naher Zukunft mit Einheitsverpackungen um die Gunst ihrer Kunden buhlen muss. Dass dies keine Utopie ist, zeigt das Beispiel Australien. In "Down Under" hat sich Plain Packaging bereits durchgesetzt. Die neuen Vorschriften treten am 1. Dezember dieses Jahres in Kraft. Ab diesem Zeitpunkt werden sich australische Raucher an olivgrüne Einheitsverpackungen gewöhnen müssen, die noch dazu mit schockierenden Fotos versehen sind. Auch einige europäische Länder und die USA diskutieren bereits über die Einführung von Plain Packaging. Da nicht jeder mit dieser Regelung glücklich ist - allen voran natürlich die Tabakindustrie - kommt es schon jetzt zu heftigen Auseinandersetzungen über Recht- oder Unrechtmäßigkeit von Einheitsverpackungen. Die Ukraine und Honduras haben beispielsweise die WTO eingeschaltet, weil sie diese als klares Handelshemmnis einstufen. So mancher fürchtet sogar einen Präzedenzfall, der dafür sorgen könnte, dass andere Produkte, die als ungesund gelten, ebenfalls stigmatisiert werden. (6)

Fallbeispiele

Dufte! Parfümindustrie setzt auf ausgefallene Flakons

Ein Teil der Parfümindustrie kämpft mit immer ausgefalleneren Flakon-Designs um die Gunst der Kunden. Dazu gehören zum Beispiel der schwarze Glaskopf von Gaultiers "Kokoriko", das Mikrofon, mit dem Azzaro für "db Decibel" wirbt, oder die auffälligen Farben von "Candy", mit denen Prada die Konkurrenz ausstechen will. Klassiker der Branche bleiben dagegen ihren einfachen, edlen Linien treu. "Chanel No. 5" oder "Miss Dior" sind wohl die hervorragendsten Beispiele für diese gegenläufige Design-Philosophie. (7)

Gard reitet auf der Nostalgiewelle

"Schönes Haar ist Dir gegeben, lass es leben - mit Gard". Älteren Semester dürfte dieser Ohrwurm noch immer in den Ohren klingen. Sie werden erstaunt sein, dass Gard sie aber nicht nur akustisch auf eine Zeitreise zurück in die Vergangenheit nimmt. Das Shampoo des über hundert Jahre alten Schweizer Traditionsunternehmens Doetsch Grether reitet auch in punkto Verpackungsdesign auf der Nostalgiewelle. Bereits zum Ende dieses Sommers sollen die altbekannten Gard-Flaschen, die eine Figur mit wehendem Haar auf der Vorderseite tragen, wieder in den Regalen stehen und Kunden zum Kauf animieren. (5)

Preiswürdige Verpackung mit Geschmack

Einen Preis für innovatives Design hat beim diesjährigen "Package Design Award" in Boston die Agentur Createam eingeheimst. Die österreichischen Kreativen haben einen Behälter für Löffelkuchen entwickelt, der die Jury auf ganzer Linie überzeugt hat. Auch andere Experten sind von der Createam-Kreation angetan. Das Design gewann mit dem Edward einen weiteren wichtigen Preis, überzeugte beim Berliner Taste Festival und wurde lobend im Fachmagazin "novum" erwähnt. (8)

Weiterführende Literatur

(1) Die richtige Mischung bringt mehr Drehzahl
aus Lebensmittel Zeitung 20 vom 18.05.2012 Seite 041

(2) Manifestation der Marke
aus Horizont 17 vom 26.04.2012 Seite 037

(3) Auspacken leicht gemacht
aus Brauwelt, 26/2012, S. 737-738

(4) Gestylte Labels auf dem Vormarsch
aus Lebensmittel Zeitung 20 vom 18.05.2012 Seite 040

(5) Gard bringt Kult-Jingle der 80er zurück ins TV
aus horizont.net vom 19.06.2012

(6) „Plain Packaging" enteignet Marken
aus Lebensmittel Zeitung 27 vom 06.07.2012 Seite 028

(7) Feines für Auge & Nase
aus "medianet" Nr. 1557/2012 Luxury Brand & Retail vom 25.05.2012Seite: s10

(8) Internationaler Design-Award
aus "medianet" Nr. 1568/2012 vom 10.07.2012 Seite: 11

(9) Designer haben Blick für Trends
aus Allgemeine Hotel- und Gastronomie-Zeitung 23
vom 02.06.2012 Seite 028

Impressum

Verpackungskünstler - Der Trend geht hin zu mehr Auffälligkeit und Experimentierfreude

Bibliografische Information der deutschen Nationalbibliothek

Die Deutsche Nationalbibliothek verzeichnet diese Publikation in der deutschen Nationalbibliografie; detaillierte bibliografische Daten sind im Internet über http://dnb.d-nb.de abrufbar.

ISBN: 978-3-7379-0800-9

© 2015 GBI-Genios Deutsche Wirtschaftsdatenbank GmbH, Freischützstraße 96, 81927 München, www.genios.de

Alle Rechte vorbehalten. Dieses Werk ist einschließlich aller seiner Teile – z.B. Texte, Tabellen und Grafiken - urheberrechtlich geschützt. Jede Verwertung außerhalb der Grenzen des Urheberrechtsgesetzes bedarf der vorherigen Zustimmung des Verlags. Dies gilt insbesondere auch für auszugsweise Nachdrucke, fotomechanische

Vervielfältigungen (Fotokopie/Mikroskopie), Übersetzungen, Auswertungen durch Datenbanken oder ähnliche Einrichtungen und die Einspeicherung und Verarbeitung in elektronischen Systemen.